MINISTÈRE DE LA JUSTICE & DES CULTES

RÈGLEMENT

POUR LES

HONORAIRES DES FONCTIONS ECCLÉSIASTIQUES

DANS LE DIOCÈSE DE LIMOGES

A. DUBOUEIX

Imprimerie-Librairie

BOURGANEUF

RÈGLEMENT

POUR LES

HONORAIRES DES FONCTIONS ECCLÉSIASTIQUES

DANS LE DIOCÈSE DE LIMOGES

Article 1er

BAPTÊMES ET RELEVAILLES

1°. Il ne sera rien exigé pour les baptêmes. Le clergé pourra recevoir les offrandes volontaires.

2°. Pour les relevailles, il y aura trois classes. Les honneurs de la première classe seront le grand autel, un tapis et le bénitier argenté. Pour la seconde classe, le maître autel et le bénitier argenté.

	1re Clas.	2e Classe	3e Classe
Droit curial avec la messe . . .	3 fr.	2 f. 25	1 f. 25
Droit curial sans la messe . . .	1 25	» 75	» 25
Pour le clerc ou sacristain . . .	» 50	» 25	» 10

2

Article 2

MARIAGES

La distinction des classes se fera par les différents autels. A la première classe un tapis sera placé devant les époux.

	1re classe	2e classe	3e classe
Droit curial	6 f. »	5 »	3 »
Messe du mariage	2 25	1 75	1 50
Publication des bancs, quel qu'en soit le nombre.	2 »	1 50	1 »
Congé et certificat	3 »	2 »	1 50
Certificat sans congé	1 »	» 75	» 50
Sacristain de l'église où se fait le mariage.	2 »	1 »	» 50

Lorsque le mariage aura lieu la nuit (*summomane*), il sera payé en outre au célébrant . . . . 12 fr.
Au sacristain. . . . . 4 »

Les droits autres que ceux de publication et de congé ne peuvent être réclamés que dans la paroisse où le mariage est célébré, nonobstant tout usage contraire. Néanmoins, si le mariage se fait dans une paroisse autre que celle de l'une des parties, le curé de la future percevra les mêmes droits que si le mariage eût été célébré dans son église ; mais il ne percevra rien pour le congé et le certificat.

Lorsque plusieurs mariages sont célébrés à la même messe, l'honoraire de la messe est exigible de chacun d'eux, à la charge par le célébrant de dire ensuite autant de messes moins une qu'il y avait de mariages.

Article 3

RÉTRIBUTION DE MESSES

Pour une messe basse. . . . . . , . . .	1 »
Pour une messe basse à heure fixe.	1 50
Messe dans une chapelle ouverte à tous les fidèles hors de l'église paroissiale et dans l'enceinte de la ville ou bourg . . . . . '	1 50
Messe chantée, autre que celles pour l'office des morts ou de la paroisse les dimanches et fêtes chômées	2 »
Droit curial.	1 50
Assistance des ecclésiastiques à une messe votive chantée, lorsqu'elle ne fait pas partie de l'office paroissial, à chacun	1 »
Diacre, sous-diacre, chantres, serpent, à chacun	0 75
Chaque chapier aura en sus	0 25
Suisse, bedeaux, à chacun	0 75
Enfants de chœur, à chacun.	0 30

Article 4

SERVICES POUR LES AMES DU PURGATOIRE

Droit curial. . . . . . '	1 »
Messe chantée.	1 50
Chaque vicaire. . . . , . , ...	0 75
Sacritain	0 50
Chantre, lorsqu'il est autre que le sacristain . .	0 50

Article 5

SÉPULTURES ET SERVICES FUNÈBRES

Il y aura cinq classes dans les villes de 10.000 âmes et au-dessus ; et trois dans les autres localités. Les parents

$\frac{4}{3}$

choisiront celle qui leur conviendra. On se conformera exactement pour les prières et les cérémonies à ce qui est prescrit dans le processionnal.

§ 1ᵉʳ

SÉPULTURES DES ENFANTS AU-DESSOUS
DE 7 ANS ACCOMPLIS

	Pour les villes de 10.000 âmes et au-dessus					Villes au-dessous de 10.000 âmes et Paroisses rurales		
	1ʳᵉ c.	2ᵉ cl.	3ᵉ cl.	4ᵉ cl.	5ᵉ cl.	1ʳᵉ c.	2ᵉ cl.	3ᵉ cl.
Droit curial . . .	6 »	5 »	4 »	2 »	1 50	5 »	3 »	2 25
Chaque vicaire .	4 »	4 »	2 »	1 »	» 75	3 »	2 »	1 50
Messe (elle n'est pas chantée á la 4ᵉ et 5ᵉ classe)	2 50	2 »	1 50	1 25	1 25	2 50	2 »	1 50
Prêtre assistant, diacre, sous-diacre, chapier, à chacun. . . .	1 »	1 »	» 75	»	»	1 50	1 »	» 75
Prêtres habitués, à chacun . . .	1 »	1 »	» 75	»	»	1 »	» 75	»
Maître choriste.	3 »	2 »	1 50	»	»	1 »	» 50	»
Organiste, serpent, ophicléide, à chacun .	1 50	1 50	» 75	»	»	1 »	» 50	»
Chantres, à chacun	1 25	1 »	» 75	» 50	»	1 »	» 75	» 50
Enfants de chœur, à chacun	» 75	» 75	» 50	»	»	» 75	» 50	»
Bedeaux, Suisse, porte-croix, à chacun. . . .	1 »	» 75	» 50	» 40	» 30	» 75	» 50	» 25
(Le porte-croix est seul aux 4ᵉ et 5ᵉ classe).								
Sacristain	3 »	2 50	2 »	1 25	» 50	2 »	1 50	» 75

Il ne pourra pas y avoir moins de 12 cierges à la première classe ; 8 à la seconde et 4 à la troisième. Chaque cierge devra peser un quarteron ou 12 décagrammes. (Cette règle n'est applicable qu'aux localités au-dessous de 10.000 âmes.)

§ 2
SÉPULTURES DES PERSONNES DE 7 ANS ET AU-DESSUS

	Pour les villes de 10.000 âmes et au-dessus					Villes au-dessous de 10.000 âmes et Paroisses rurales		
	1re c.	2e cl.	3e cl.	4e cl.	5e cl.	1re c.	2e cl.	3e cl.
Droit curial . . .	10 »	8 »	6 »	4 »	2 »	8 »	6 »	5 »
Chaque vicaire .	5 »	4 »	3 »	1 50 »	75	5 »	3 »	2 »
Messe (elle n'est pas chantée á la 5e cla.)	4 »	3 »	2 »	1 75	1 25	3 »	2 »	1 50
Prêtre assistant, diacres, sous-diacres, chapiers, à chacun	1 50	1 »	» 75	» 50	» »	2 »	1 »	» 75
Prêtres habitués, à chacun . . .	1 50	1 »	0 75	» »	» »	1 »	» 50	» »
Maître choriste .	4 »	3 »	2 »	» »	» »	2 »	1 »	» »
Organiste, serpent, ophicléi- de, à chacun .	2 50	2 »	1 50	» »	» »	1 50	» 75	» ,
Chantres à cha- cun	2 »	1 50	1 »	0 75	0 50	1 50	1 »	» 75
Enfants de chœur à chacun. . . .	1 »	0 75	0 50	» »	» »	1 »	0 50	» »
Droit d'offrande.	15 »	10 »	5 »	» »	» »	6 »	3 »	» »
Sacristain	6 »	5 »	4 »	2 »	1 »	4 »	2 »	1 »
A chaque prêtre appelé d'une paroisse voisi- ne	» »	» »	» »	» »	» »	6 »	» »	» »
Bedeaux, suisse, porte-croix, à chacun (le porte- croix est seul aux 4e et 5e classe).	1 50	1 »	0 75	0 50	» 30	1 »	» 75	» 50

Il y aura au moins 24 cierges à la première classe, 12 à la seconde et 6 à la troisième. Les cierges devront peser chacun un quarteron ou 12 décagrammes. (*Cette règle ne s'applique qu'aux localités au-dessous de 10.000 âmes.*) Si le clergé sur l'invitation des parents accompagne le corps au cimetière à la distance d'un kilomètre ou d'un quart de lieue, chacun aura un quart en sus de ses droits. L'augmentation sera de la moitié des droits si le cimetière est à deux kilomètres ou demi-lieue de l'église paroissiale. La même règle sera suivie pour l'enlèvement du corps, lorsque sur la demande des parents le clergé croira devoir le faire à une certaine distance du lieu consacré par l'usage pour cette cérémonie.

§ 3
SERVICES FUNÈBRES

	Pour les villes de 10.000 âmes et au-dessus					Villes au-dessous de 10.000 âmes et Paroisses rurales		
	1re c.	2e cl.	3e cl.	4e cl.	5e cl.	1re c.	2e cl.	3e cl.
Droit curial . . .	6 »	5 »	3 »	2 »	1 50	5 »	3 »	1 50
Droit des vicaires à chacun . .	4 »	3 »	2 »	1 »	» 75	2 50	1 50	» 75
Messe chantée. .	3 »	2 50	2 »	1 50	1 50	3 »	2 »	1 50
Prêtres assistants, diacres, sous-diacres, chapiers, à chacun.	1 50	1 »	» 75	»	»	1 50	1 »	» 50
Prêtres habitués, à chacun . .	1 »	» 75	» 50	»	»	1 »	» 50	»
Maître choriste .	2 50	2 »	1 50	»	»	1 50	» 75	»
Organiste, serpent, ophicléide, à chacun .	1 50	1 25	1 »	»	»	1 25	» 75	»
Chantres, à chacun	1 25	1 »	» 75	»	»	1 »	» 75	» 50
Les Enfants de chœur, à chacun	» 75	» 50	» 25	»	»	» 50	» 25	»
Droit d'offrande.	8 »	5 »	2 »	»	»	4 »	2 »	»
Chaque prêtre, appelé d'une paroisse voisine	»	»	»	»	»	5 »	»	»
Sacristain	3 »	2 50	1 75	1 »	» 50	1 50	1 »	» 50
Bedeaux, suisse, porte-croix, à chacun (le porte-croix seul aux 4e et 5e classe) . . .	1 »	» 75	» 50	» 40	» 30	1 »	» 50	» 25

On se conformera pour le nombre et le poids des cierges qui seront neufs ou payés intégralement pour chaque office, à ce qui est fixé pour les inhumations.

Pour les enterrements de première classe, le service du lendemain ou du troisième jour est de rigueur ; les parents en seront avertis.

La convocation des personnes invitées aux funérailles ou au service funèbre n'est point à la charge du sacristain. Il peut exiger un salaire en sus des droits fixés par le tarif, lorsque les familles lui confient cette convocation.

Dans les paroisses où le sacristain fait les fonctions de chantre, il perçoit les deux rétributions ; s'il est porte-croix, il ne perçoit rien à ce dernier titre.

Si les parents ne fournissent pas la cire aux enterrements et services de 3ᵉ classe elle sera fournie, sans que dans ce cas on puisse exiger qu'elle soit neuve, par le clergé et la fabrique qui percevront un droit de 50 centimes par cierge, à partager à égale portion entre le clergé et la fabrique.

Lorsqu'un corps est transporté d'une paroisse à une autre si l'on traverse une ou plusieurs paroisses, chaque curé sur la paroisse duquel on passera aura un droit fixe de . . . . 5 »

Les parents pourront présenter le corps à l'église paroissiale :

Il y sera chanté le *Aipona libera* avec les versets et l'oraison ; dans ce dernier cas le curé recevra. . 5 »

Chaque vicaire. 1 50

Chantre . . . . , . . . , . 0 75

Sacristain. . . . . 1 »

Porte-croix, s'il est autre que le sacristain . . . 0 75

Il y aura au moins 6 cierges d'un quarteron ou douze décagrammes chacun, qui seront fournis par les parents et resteront à l'église.

Dans les églises où il est d'usage de rappeler au prône le nom des personnes décédées, chaque famille qui voudra s'y conformer payera pour la première année . . . . 3 »

Pour chacune des années suivantes . . . . 2 »

Pour un *Libera* récité à voix basse après la messe. . . . . » 10

S'il est chanté, M. le curé aura . . . . . . » 25

Le sacristain, ... » 10

Pour un évangile . . . . » 05

Pour l'extrait d'un acte de baptême ou de mariage ou de sépulture et avec le certificat . . » 50

Toutes les fonctions sont gratuites à l'égard des pauvres. On observera pour eux comme pour les autres, toutes les cérémonies prescrites dans le diocèse.

Aux sépultures des indigents, la cire sera fournie par la fabrique.

Il n'est permis à personne de modifier les dispositions du présent règlement. Elles doivent être suivies par tout et en tout.

Donné à Limoges le 1er juin 1837.

Sr..., Évêque de Limoges.

Vu pour être annexé à l'ordonnance du 22 février 1838, enregistré, 203.

Le garde des sceaux, Ministre de la justice et des cultes,
Signé : BARTHE.

Pour expédition conforme :
Le Sous-Secrétaire d'État,
Signé : PARANT.

SUPPLÉMENT

Au règlement pour les honoraires

des fonctions ecclésiastiques dans le diocèse

de Limoges.

Prospert de Tournefort, par la miséricorde divine et la grâce du St-Siège apostolique, évêque de Limoges.

Vu les diverses réclamations présentées par les membres du clergé de notre diocèse, au sujet des inconvénients que paraît devoir produire le règlement pour les honoraires des fonctions ecclésiastiques par nous donné le 1er juin 1837, et approuvé par ordonnance royale du 22 février 1838.

Considérant que la mise à exécution de ce règlement tel qu'il est conçu paraissant de nature à porter atteinte à la piété des fidèles et aux intérêts bien entendus des pasteurs, il convient de lui donner les modifications et interprétations suivantes :

Art. 1er

La distinction des autels pour diversifier les classes des relevailles et mariages sera facultative ; chaque église pourra continuer de suivre ses usages à cet égard et diversifier les classes par les tapis ou autre genre de décoration suivant la coutume des lieux,

Art. 2.

Dans les localités au-dessous de 10.000 âmes, aux trois classes pour les sépultures et services funèbres portées dans le règlement, on ajoutera une 4ᵉ classe dont les droits seront ainsi réglés.

§ 1ᵉʳ

SÉPULTURES DES ENFANTS AU-DESSOUS DE 7 ANS.

Droit curial	1 »
Messe basse	1 »
Vicaire.	0 50
4 cierges	1 »
	3 50

§ 2

SÉPULTURES DES PERSONNES DE 7 ANS ET AU-DESSUS.

Droit curial. . . . . , . .	3 »
Messe basse.	1 »
Vicaire.	0 75
Sacristain	0 50
4 cierges	2 »
	7. 25

§ 3

SERVICES FUNÈBRES.

Droit curial	1 »
Messe chantée	1 50
Cire à la représentation qui n'aura lieu que sur la demande des parents et dans les lieux où elle est d'usage, 2 cierges à 0 fr. 25, chacun . . .	0. 50
Vicaire . . , , , ...	0. 50
A reporter. . . .	3. 50

Report 3. 50

Sacristain 0. 25

Chantre 0. 25

——

4.00

Si le sacristain fait l'office de chantre, il perçoit les deux droits.

Art. 3

Le règlement ci-dessus indiqué sera exécuté à partir du premier janvier 1839 dans tout son contenu en ce qui n'est pas modifié par le présent supplément qui ne fera qu'un avec lui et sera publié et affiché avec lui.

Donné à Limoges, le 8 novembre 1838.

Signé: PROSPER, évêque de Limoges.

Vu pour être annexé à l'ordonnance royale du 14 juin 1839.

Le Garde des Sceaux, ministre de la justice et des cultes :
S. B. TESTE.

Pour copie conforme :
Le Secrétaire Général,
L. BOUDET.

Pour copie certifiée conforme à l'original.
Limoges, le 15 décembre 1803.
Le Secrétaire Général,
Signé : CONSTANTIN

IMPRIMERIE~LIBRAIRIE

A. DUBOUEIX

BOURGANEUF (Creuse)

➤━✱━◄

Spécialité de Travaux de fantaisie

Billets de faire part

de Naissance, de Décès, de Mariage

Cartes de visite

———

Grand assortiment

de

Couronnes funéraires

Perles, Métal, Fleurs d'immortelles

————

Expédition par retour du courrier.

www.ingramcontent.com/pod-product-compliance
Lightning Source LLC
Chambersburg PA
CBHW070808220326